UN RECORRIDO POR

LOS JUEGOS OLÍMPICOS

Para la explotación en el aula de *Un recorrido por los Juegos Olímpicos*,
existe un material con sugerencias didácticas y actividades
que está a disposición del profesorado en
www.anayainfantilyjuvenil.com

© Del texto: Vicente Muñoz Puelles, 2020
© De las ilustraciones: Jorge del Corral, 2020
© De esta edición: Grupo Anaya, S.A., 2020
Juan Ignacio Luca de Tena, 15. 28027 Madrid
www.anayainfantilyjuvenil.com
e-mail: anayainfantilyjuvenil@anaya.es

Primera edición, enero 2020

ISBN: 978-84-698-6572-9
Depósito legal: M-35103-2019
Impreso en España - Printed in Spain

PAPEL DE FIBRA
CERTIFICADO

UN RECORRIDO POR
LOS JUEGOS OLÍMPICOS

VICENTE MUÑOZ PUELLES

ILUSTRACIONES DE JORGE DEL CORRAL

ANAYA

Índice

Introducción

En el sur de Grecia hay una ciudad en ruinas llamada Olimpia. Es un lugar tranquilo, acariciado por una suave brisa. Allí, los antiguos griegos levantaron unos templos donde rendían culto a sus dioses y celebraban unas competiciones deportivas en su honor.

Hoy, pocos se acuerdan de los dioses griegos. Pero aquellas competiciones, los Juegos Olímpicos, se siguen celebrando en todo el mundo.

Cada cuatro años, antes de que empiecen los Juegos, la antorcha olímpica vuelve a encenderse en el antiguo templo de la diosa Hera, en Olimpia, y ha de viajar, por tierra, mar o aire, a la ciudad donde se celebran las competiciones.

Yo soy la llama olímpica, y voy a contaros mi historia.

Los Juegos antiguos

Aunque han pasado tres mil años, recuerdo el día en que me encendieron por primera vez.

Para gustar a los dioses, el fuego que presidía los Juegos Olímpicos tenía que proceder directamente del sol. Por eso construyeron un espejo cóncavo, que concentraba los rayos solares y provocaba un calor muy intenso. Una sacerdotisa de la diosa Hera, vestida de blanco, acercó una antorcha al centro del espejo y me encendió.

Pasé toda la Antigüedad ardiendo en un pebetero, que es una especie de recipiente. Si me hubiera apagado, los dioses se habrían enfadado mucho.

Era, como suele decirse, una llama eterna.

Cuando se acercaba la celebración de los Juegos, unos mensajeros recorrían a pie todos los rincones de Grecia, para invitar a la gente a reunirse en Olimpia. No acudían solo los atletas, sino también los poetas, los filósofos, los reyes y la gente corriente.

Y no venían solo a divertirse y a ver las competiciones deportivas dedicadas al dios Zeus, sino atraídos por un ideal común de esfuerzo, de superación y de juego limpio.

Los griegos querían rendir homenaje a los vencedores, y también mostrar lo mejor de sí mismos.

Si había guerra, y en aquellos tiempos la había casi siempre, los combates debían interrumpirse durante los Juegos.

Aliviados, los soldados dejaban las armas a un lado y acudían a competir no en los campos de batalla, sino en el estadio. Era lo que se llamaba la paz olímpica.

En el año 480 antes de nuestra era, Jerjes el Grande, emperador de los persas, invadió Grecia y derrotó a los trescientos griegos que lucharon contra él en la batalla de las Termópilas.

—Esperaba enfrentarme a un ejército numeroso —dijo, después de la victoria—, y solo han luchado contra mí unos cuantos hombres. ¿Sabe alguien por qué?

—Todos los demás griegos —le contó uno de sus generales— están en la sagrada ciudad de Olimpia, participando en los Juegos Olímpicos.

—¿Y qué premios reciben los ganadores? —volvió a preguntar.

El emperador de los persas imaginaba que serían joyas fabulosas y otras riquezas. ¿Por qué, si no, iban a arriesgarse a perder su patria?

—Los ganadores —le contestó el general— únicamente reciben una corona hecha con una rama de olivo.

Jerjes se escandalizó.

—¡Por todos los dioses! —exclamó—. ¿Contra qué clase de hombres estamos luchando, que no compiten por dinero ni por posesiones, sino por el honor de ser los mejores? No sé si estamos preparados para guerrear contra gente así.

Un año después, tras una serie de derrotas, Jerjes renunció a la conquista de Grecia y volvió a Persia.

Al principio, en los Juegos Olímpicos había pocas competiciones.

En el año 776 antes de nuestra era, por ejemplo, solo se celebró una prueba. Consistía en correr un «estadio», o sea unos 185 metros.

Venció un panadero llamado Corebo, que fue el primer campeón olímpico de la historia.

Luego se añadieron carreras de dos y de cinco «estadios». Una carrera de cinco «estadios», que son unos 925 metros, es lo que hoy se llamaría una carrera de media distancia o de medio fondo.

El pentatlón era la competición más difícil. Constaba de cinco pruebas muy diferentes, que exigían cualidades especiales: salto de longitud, lanzamiento de jabalina, carrera, lanzamiento de disco y lucha, por ese orden.

Los atletas se iban eliminando, y el vencedor de la última prueba, la lucha, ganaba la competición.

Eso le convertía, durante cuatro años, en el atleta perfecto. Recibía solo una corona de olivo, pero el verdadero premio era el honor de la victoria. Los poetas convertían sus hazañas en himnos triunfales y los escultores levantaban estatuas en su memoria.

Un mes antes del inicio de los Juegos, los atletas llegaban a Olimpia y empezaban sus entrenamientos.

Las pruebas de atletismo se desarrollaban en el estadio. A un lado de la pista, sentados en una plataforma de piedra, se colocaban los jueces de las competiciones.

En el estadio cabían unas 50 000 personas.

También había un edificio, la palestra, para la lucha y el boxeo, que se practicaba con las manos vendadas.

Las carreras de cuadrigas, carros tirados por cuatro caballos, tenían lugar en el hipódromo.

Los Juegos Olímpicos empezaron a decaer cuando el Imperio romano se apoderó de Grecia, y quiso acabar con los dioses paganos.

El emperador Teodosio I suprimió los Juegos en el año 394, y Teodosio II ordenó la destrucción de todos los templos de Olimpia, incluido el mío, el de la diosa Hera, mujer de Zeus y madre de todos los dioses.

Una actitud muy poco deportiva.

Los primeros Juegos modernos

Durante mucho tiempo, mi fuego permaneció tristemente apagado, entre las ruinas del templo de Hera.

Pero el recuerdo de los Juegos Olímpicos no se había perdido, y de vez en cuando alguien intentaba resucitarlos.

La idea prosperó cuando Pierre de Coubertin, un francés enamorado del deporte, fundó el Comité Olímpico Internacional, para organizar los juegos modernos.

Era un deber de cortesía que las nuevas competiciones se celebraran en Grecia, como las antiguas.

Por fin, en 1896, los Juegos de la I Olimpiada se inauguraron en el estadio Panatenaico de Atenas, un estadio de la época clásica que había sido reconstruido para el acontecimiento.

A la ceremonia de apertura asistieron unos 80 000 espectadores. Eran tantos que no cabían en el estadio.

Por primera vez se tocó el himno olímpico, obra de un compositor de ópera griego.

Participaron 241 atletas masculinos de 14 países, que compitieron en atletismo, ciclismo, esgrima, gimnasia, halterofilia o levantamiento de pesas, lucha, natación, tenis y tiro.

Las mujeres no fueron invitadas a participar, con el triste pretexto de que en los antiguos Juegos tampoco lo habían hecho.

Pero sí se incluyeron deportes que en los antiguos Juegos no existían, como el ciclismo, la esgrima, el tenis y el tiro con rifle y con pistola.

Las pruebas de natación se desarrollaron en mar abierto. En la competición de 1 200 metros estilo libre, los nadadores fueron transportados en barco, y se les dejó volver solos hasta la orilla.

El maratón

En las costas orientales de Grecia, frente a la isla de Eubea, se encuentra la llanura de Maratón. Allí, en el año 490 antes de nuestra era, un ejército de 100 000 hombres, a las órdenes de Darío I, rey de Persia, padre de Jerjes el Grande, desembarcó para apoderarse de Atenas.

Aunque eran muchos menos, los griegos vencieron.

Para llevar la noticia a la ciudad se eligió a Filípides, que era considerado como el más veloz de los corredores.

—¡Alegraos, hemos ganado! —fueron las únicas palabras que pudo pronunciar, antes de caer muerto de cansancio.

En recuerdo de esa carrera, los Juegos Olímpicos modernos se acaban siempre con la prueba llamada del maratón, que consiste en correr 42 kilómetros y 195 metros, la distancia que corrió Filípides.

La prueba del maratón se corrió en los Juegos modernos desde el principio, en 1896. Los participantes salieron de Maratón para llegar a Atenas, bajo un sol terrible. Al cabo de casi tres horas, en el estadio Panatenaico sonaron unas trompetas, anunciando la llegada de los corredores.

Poco después, el corredor que iba en cabeza entró en la pista.

Spiridon Louis era un hombre delgado y resistente. Se ganaba la vida repartiendo agua por las calles de Atenas, donde aún no había un sistema de agua potable.

Al ver que el vencedor de la prueba era un griego, el entusiasmo se desbordó. Algunos estaban tan emocionados que bajaron a la pista y le acompañaron en los últimos metros.

Spiridon Louis no era solo campeón olímpico. El repartidor de agua se había convertido en un héroe, como los de los tiempos antiguos.

Las mujeres, por fin

Aunque cuesta creerlo, estaba prohibido que las mujeres compitiesen en los Juegos de Olimpia. Quizá temían que pudiesen hacer mejores marcas, o que pudieran vencer a los hombres.

Tampoco podían ver las competiciones deportivas, si estaban casadas. La razón, según se decía, era que las mujeres casadas solo debían fijarse en sus maridos, y no en otros hombres.

Pero ya entonces hubo una mujer, Ferenice, que se disfrazó de hombre y ganó una de las pruebas. Entusiasmados, los espectadores tiraron de su túnica y sin querer revelaron su identidad.

La pena por no respetar la prohibición era la muerte. Pero el padre y el marido de Ferenice, que eran atletas, declararon a su favor en el juicio. Y cuentan que el mismísimo Heracles acudió desde el cielo para defenderla. Así que fue perdonada.

Para evitar que el caso se repitiese, en adelante se obligó a los competidores a participar completamente desnudos en todas las pruebas.

No sé cómo, pero en algún momento lo consiguieron.

Un día, quince o dieciséis mujeres se reunieron en el templo de Hera. Aunque hablaban muy bajo, les oí decir que querían hacer un nuevo tipo de juegos, los Juegos Hereos, para competir unas contra otras.

Tiempo después volvieron a reunirse, encendieron una antorcha en el pebetero y me llevaron al estadio.

Desde entonces los Juegos Hereos se celebraron allí, en Olimpia, también cada cuatro años. Consistían en una carrera, en la que solo participaban mujeres solteras. Corrían con el pelo suelto y vestían una túnica corta, que dejaba al descubierto el hombro derecho y las rodillas.

Como en el caso de los hombres, los premios consistían en coronas de olivo. A veces, los escultores les dedicaban estatuas con sus nombres, que levantaban ante el templo.

Pero ¡ay! Ninguna de aquellas estatuas permanece en pie, y la hierba del estadio no conserva sus huellas. Han pasado tantos años que a veces me cuesta recordar cómo eran, y qué pruebas ganaron.

Fue en 1900, en París, cuando las mujeres compitieron por primera vez en los Juegos Olímpicos modernos. Solo eran 22, y únicamente participaron en las pruebas de tenis, golf y cróquet.

Habéis leído bien, cróquet. Es ese juego que muchos de vosotros habréis practicado, y que consiste en golpear bolas de madera o de plástico y hacerlas pasar a través de pequeños arcos de metal, colocados en el campo de juego.

Charlotte Cooper, tenista inglesa, fue la primera campeona olímpica de la historia. No recibió ninguna medalla, porque entonces aún no se entregaban.

El progreso ha sido lento, pero considerable. En cada edición de los Juegos Olímpicos ha habido más mujeres que en la anterior.

Hay deportes olímpicos, como la gimnasia rítmica, la natación sincronizada y el sóftbol, en los que hasta la fecha solo han participado mujeres.

En los Juegos Olímpicos, lo importante no es ganar, sino participar.

Sin embargo, son muchas las mujeres que han participado y ganado, superando a veces grandes dificultades.

Ahí están, en un podio imaginario, atletas como Alice Coachman, primera mujer afroamericana que ganó una prueba olímpica, la medalla de oro en salto de altura de los Juegos de Londres 1948.

O la corredora holandesa Fanny Blankers-Koen, que consiguió cuatro medallas de oro en los mismos Juegos.

O la gimnasta ucraniana Larisa Latýnina, que obtuvo diecinueve medallas en tres Juegos distintos.

O la rumana Nadia Comăneci, ganadora de nueve medallas olímpicas, que a los catorce años, en los Juegos Olímpicos de Montreal 1976, fue la primera gimnasta en conseguir un 10, esto es, la calificación perfecta.

O la piragüista alemana Birgit Fischer, que en seis Juegos Olímpicos consecutivos, de 1980 a 2004, recibió un total de doce medallas, la primera con dieciocho años y la última con cuarenta y dos.

En los Juegos Olímpicos de Río destacó la presencia de una atleta estadounidense de diecinueve años, Simone Biles, que consiguió cuatro medallas de oro y una de bronce en gimnasia artística.

La llama olímpica

¿Y yo? ¿Qué había ocurrido conmigo, con la llama olímpica, el fuego sagrado que había presidido los Juegos Olímpicos de la Antigüedad durante más de mil años, y que simbolizaba el respeto hacia los dioses y la hermandad entre los hombres?

El pebetero donde yo ardía estaba roto y enterrado, entre las ruinas del templo de Hera.

No se habían acordado de mí ni siquiera en 1896, cuando se celebraron los primeros Juegos Olímpicos de la era moderna. Ni en los siguientes, que tuvieron lugar en París, ni en San Luis, ni en Londres, ni en Estocolmo, ni en Amberes.

Todo empezó a cambiar en los Juegos Olímpicos de Ámsterdam, en 1928. Los holandeses quisieron construir en el nuevo estadio una torre de 40 metros de altura, para indicar, a kilómetros de distancia, en qué parte de la ciudad se celebraban los Juegos.

Sería algo así como un faro. Y un faro necesita una llama. Así que el fuego olímpico volvió a arder, con motivo de unos Juegos Olímpicos.

Solo que quien encendió la llama en Ámsterdam no fue un atleta, sino un empleado de la compañía del gas.

Fue años después, con motivo de los Juegos Olímpicos de Berlín, cuando por fin pensaron en mí.

Yo no podía saberlo entonces, pero a los organizadores de los Juegos se les había ocurrido la idea de llevar la llama desde Olimpia a la capital alemana.

Restauraron el templo de Hera. Luego, unas actrices, vestidas a la manera antigua, volvieron a encenderme en un espejo cóncavo y me prendieron en una antorcha.

No era una antorcha corriente, sino un dispositivo especialmente preparado para impedir que se apagara.

Y entonces sucedió algo increíble.

Llevada por una serie interminable de corredores, que se iban relevando cada 400 metros, salí del templo, de Olimpia y de Grecia, y recorrí siete países europeos, entre ríos y montañas, hasta llegar al estadio olímpico de Berlín, donde mi llegada fue recibida con gritos y aplausos.

El último corredor que me llevaba cruzó el estadio, subió por una amplia escalera, inclinó la antorcha y encendió el pebetero, que era muy alto y tenía forma de trípode.

Todos habían estado esperándome, porque los Juegos no podían empezar sin mí.

Desde entonces, he pasado de un corredor de relevos a otro infinidad de veces, en numerosos países del mundo.

En 1948, para los Juegos de Londres, crucé el Canal de la Mancha en un barco. Y en 1952 volé en un avión a los Juegos de Helsinki, en Finlandia.

Aún más interesante fue cuando, en 1976, me convertí en una señal de radio, que fue enviada desde Atenas a Canadá, a través de un satélite. Allí se activó un rayo láser, que volvió a convertirme en llama olímpica.

También viajé en piragua, en góndola, en tren, en caballo y en camello, y en un avión muy rápido llamado Concorde volé de Atenas a París.

He sido transportada por esquiadores, por surfistas, por paracaidistas y hasta por astronautas.

En mi deseo de visitar todos los lugares, llegué incluso a desplazarme bajo el agua. Eso fue en los Juegos de Sidney 2000.

Debidamente protegida y a salvo del agua, pasé de un buzo a otro, mientras me enseñaban las maravillas submarinas de la Gran Barrera de Coral. Luego me llevaron al estadio.

Pero mi viaje más alocado fue en 2004, cuando, para celebrar que los Juegos volvían a Atenas, se decidió que diera la vuelta al mundo.

En un avión llamado Zeus visité todas las ciudades que habían sido sedes olímpicas y otros lugares como África, América del Sur y la India, donde nunca había estado, pero donde se suponía que algún día iban a celebrarse los Juegos Olímpicos.

Después de pasar por los cinco continentes, volví a Atenas, de donde había salido meses antes, a tiempo de inaugurar los Juegos.

No quiero ni pensar qué habría sucedido si hubiese llegado tarde.

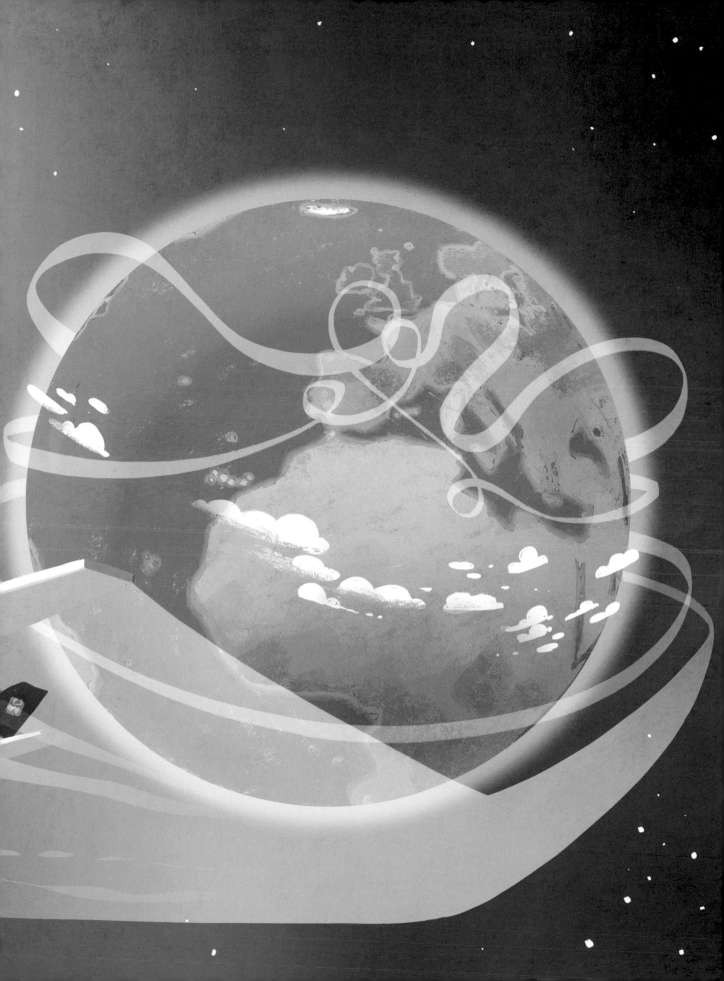

Lo que he visto

Fue en 1936, en los Juegos Olímpicos de Berlín, cuando empecé, por primera vez, a disfrutar del espectáculo desde mi pebetero.

Recuerdo que hacía un tiempo espléndido. Y recuerdo también al atleta estadounidense Jesse Owens, un hombre de movimientos elásticos.

Tenía el récord mundial de salto de longitud, 8,13 metros, que había ganado el año anterior. Pero en Berlín ya había hecho dos saltos nulos sobre 7,15 metros, y dependía de un tercer intento, si quería clasificarse para la final.

Un saltador alemán, Lutz Long, que se había hecho amigo suyo, le aconsejó que calculase el salto desde varios centímetros antes de la línea de batida. Owens le hizo caso y arriesgó menos que en sus dos saltos anteriores, de modo que se clasificó con facilidad.

En la final, Owens saltó 8,06 metros, que le bastaron para conseguir la medalla de oro, y Long ganó la de plata.

Owens consiguió tres medallas de oro más, las de 100 metros, 200 metros y la carrera de relevos 4 x 100.

Ambos siguieron siendo amigos hasta que Lutz Long murió, en la Segunda Guerra Mundial. Tiempo después, en 1964, se le concedió a título póstumo la medalla Pierre de Coubertin, que se da al verdadero espíritu deportivo.

He visto otros saltos memorables, pero ninguno tan asombroso como el de Bob Beamon, que en los Juegos Olímpicos de México 1968 hizo el llamado salto del siglo, con un registro de 8,90 metros.

Más de 50 años después, sigue siendo récord olímpico.

En México vi también el salto de altura de Dick Fosbury, que había inventado una nueva técnica, consistente en saltar casi de espaldas al listón.

Y me emocioné, como todo el mundo, cuando el corredor Jim Hines corrió los 100 metros lisos y rompió la barrera de los 10 segundos, para dejarla en 9,95 segundos.

Hoy, un puñado de corredores ha seguido sus pasos. El jamaicano Usain Bolt ha conseguido rebajar el récord hasta 9,58 minutos, y la estadounidense Florence Griffith tiene el récord mundial femenino, con 10,49 segundos. Y seguirán bajando, porque los seres humanos aún son capaces de mayores hazañas.

No puedo, claro, mencionar a todos, pero sí evocar algunos nombres de los atletas que más me impresionaron: Emil Zátopek, Alain Mimoun, Abebe Bikila, Wilma Rudolph, Steve Ovett, Sebastian Coe, Mark Spitz, Carl Lewis, Serguéi Bubka, Marie-Jo Pérec, Yelena Isinbáyeva, Evelyn Ashford, Michael Phelps, Serena Williams, Eliud Kipchoge...

De un tiempo a esta parte, mi trabajo se ha multiplicado. Ahora, además de los Juegos Olímpicos de verano, que son los de siempre, he de estar presente en los Juegos Olímpicos de invierno, en los que paso mucho frío y tiemblo tanto que corro el peligro de apagarme, y en los Juegos Paralímpicos, para atletas con algún tipo de discapacidad.

Sin embargo, no puedo quejarme. Viajo mucho, y todos me quieren y me rinden homenajes.

Entre las personas importantes que han corrido el relevo final de la antorcha y han encendido el pebetero en el estadio, recuerdo a dos en particular.

Una es Enriqueta Basilio, campeona nacional mexicana de carrera de 80 metros con vallas, que fue la primera mujer en la historia con ese cometido.

Y la otra persona es Muhammad Ali, famoso boxeador estadounidense que ganó la medalla de oro en los Juegos Olímpicos de Roma 1960.

En la ceremonia de inauguración de los Juegos de Atlanta 1996, Muhammad Ali, que solo tenía cincuenta y cuatro años, pero estaba enfermo de Parkinson, alzó la antorcha con un brazo tembloroso y accionó un mecanismo especial, que me condujo al pebetero.

Los símbolos

Los símbolos olímpicos representan la esencia de los Juegos.

Yo misma, la llama errante, soy uno de ellos. Simbolizo la unidad y la amistad. Los corredores me pasean de un lugar a otro, y me llevan hasta el pebetero. Dos semanas después, al finalizar los Juegos, me apagan, pero no me importa porque sé que algún día volverán a encenderme.

También está la bandera olímpica, que muestra cinco anillos de colores enlazados, sobre un fondo blanco. Simboliza los cinco continentes, unidos por el movimiento olímpico y por el deseo de una paz duradera.

Si lo intentáis hacer, veréis que resulta muy fácil adivinar qué color representa a cada continente.

Mientras se iza la bandera, en la ceremonia de inauguración suena el himno olímpico. Si ahora mismo no lo recordáis, probad a escucharlo.

La bandera olímpica fue idea de Pierre de Coubertin, a quien también se le ocurrió el lema de los Juegos: «Más veloz, más alto, más fuerte». Creo que suena mejor en latín: *Citius, altius, fortius,* o al menos resulta más misterioso.

El lema expresa el deseo de superación de cada atleta por ser más rápido, por saltar más arriba y por esforzarse más.

En las medallas que se entregan a los vencedores aparece Nike, la diosa griega de la victoria, volando sobre un estadio con sus grandes alas. Esa imagen ayuda a recordar el origen griego de los Juegos.

CITIVS
ALTIVS
FORTIVS

Desde que hay televisión, las ceremonias de apertura y de clausura de los Juegos se han convertido en un espectáculo, y cada ciudad se esfuerza por hacerlo más vistoso. Es muy bonito, pero no estoy segura de que tenga mucho que ver con el deporte.

La primera mascota de unos Juegos Olímpicos fue un hombrecito con esquís llamado Schuss. Le sucedió un perro salchicha de colores, llamado Waldi. Las más famosas y simpáticas, creo yo, son el osito Misha y el perro pastor Cobi.

El ideal olímpico

Durante la ceremonia de inauguración de los Juegos, un atleta del país organizador sostiene una esquina de la bandera de los cinco anillos y pronuncia el juramento olímpico, que dice:

«En nombre de todos los competidores, prometo que participaremos en estos Juegos Olímpicos, respetando y cumpliendo las normas que los rigen, comprometiéndonos a un deporte sin dopaje y sin drogas, con un auténtico espíritu deportivo, por la gloria del deporte y el honor de nuestros equipos».

Ahí está todo: la deportividad, el juego limpio y la convicción de que, en los Juegos, respetar y cumplir las normas es tan importante como ganar, o quizá más.

Ojalá que esa conducta fuese adoptada en los demás deportes y en la vida diaria.

En los Juegos Olímpicos de Los Ángeles 1932, el estadounidense Joe McCluskey y el británico Thomas Evenson competían en la carrera de 3 000 metros obstáculos.

Al pisar la que debía haber sido la línea de llegada, McCluskey fue el segundo, y Evenson el tercero. Pero, por un error arbitral, se les hizo seguir corriendo, y dieron una vuelta de más al estadio.

Al finalizar esa vuelta, Evenson fue el segundo, y McCluskey el tercero.

Los árbitros, al advertir el error, le ofrecieron volver a correr la prueba al día siguiente, pero McCluskey dijo:

—Una carrera tiene una sola meta. Hay que llegar a ella, allí donde esté.

Y dejó que Evenson se quedara con la plata.

En esos mismos Juegos, la esgrimista británica
Judy Guinness había ganado el partido de la medalla
de oro de florete individual, en el que había competido
contra Ellen Preis, de Austria.

Podía haberse callado y aceptar la medalla, pero prefirió
ser honesta y advirtió a los jueces de que su rival la había
tocado dos veces, sin que esos puntos subieran al marcador.

En consecuencia, los jueces concedieron la medalla de oro
a Ellen Preis, y la de plata a la británica.

—Lo hice porque creo en el juramento olímpico
—explicó Guinness, cuando le preguntaron por qué lo había
hecho.

Ocurrió en los Juegos Olímpicos de Berlín 1936, en la final de salto con pértiga. El estadounidense Earle Meadows ya había ganado la medalla de oro al saltar 4,25 metros, pero la de plata seguía en disputa. Dos japoneses, Shuhei Nishida y Sueo Oe competían por la plata.

Al final, ambos saltadores consiguieron la misma altura, 4,15 metros, pero Nishida lo hizo en menos intentos, y recibió la plata. Sin embargo, ambos entendían que, después de tantos esfuerzos, esa pequeña diferencia no cambiaba nada.

Mandaron cortar sus medallas por la mitad y confeccionar dos medallas iguales, mitad plata y mitad bronce.

—Son las medallas de la amistad —decían.

Se corría la segunda eliminatoria de los 5 000 metros femeninos, en los Juegos Olímpicos de Río 2016. La corredora de Nueva Zelanda Nikki Hamblin tropezó y cayó al suelo, lo que hizo tropezar también a la estadounidense Abbey D'Agostino.

D'Agostino se levantó primero. Pero, al ver que Hamblin se quedaba quieta, la animó a seguir.

—¡Levántate, levántate! —le gritó—. Estamos en los Juegos Olímpicos. ¡Hay que terminar esto!

Hamblin se levantó y echó a correr. Pero entonces se dio cuenta de que D'Agostino volvía a caerse. Se había lastimado la rodilla. En vez de seguir adelante, Hamblin retrocedió y le devolvió el gesto, preocupándose por su estado y animándola a terminar la prueba.

Hamblin alcanzó la meta en penúltimo lugar. D'Agostino, dolorida, fue la última. Entre los aplausos del púbico, se fundieron en un gran abrazo.

En premio a su deportividad, los jueces decidieron clasificar a ambas.

Conclusión

Los Juegos Olímpicos de la era moderna son muy jóvenes. Empezaron hace poco más de un siglo, pero se han convertido en el mayor acontecimiento deportivo internacional, tanto por el número de disciplinas que abarcan como por el número de atletas que participan de todo el mundo.

Solo dejaron de celebrarse tres veces, en 1916, 1940 y 1944, debido al estallido de la Primera Guerra Mundial y de la Segunda.

Esperemos que no haya más guerras, ni mundiales ni de cualquier otro tipo, y que la paz olímpica se mantenga siempre, como en la antigua Grecia.

A veces, cuando asisto a la celebración de unos Juegos desde lo alto de mi pebetero, pienso en los jóvenes.

Y es que, entre otras cosas, los Juegos son un homenaje a la juventud del mundo.

Pero nadie es eternamente joven. El tiempo pasa con rapidez, y unos campeones van reemplazando a otros.

Conozco los nombres de quienes ganaron en el pasado, pero ¿quiénes conseguirán las medallas del futuro?

Pienso también en los Juegos por venir, en las ciudades donde se celebrarán.

¿Habré estado ya en ellas? ¿Las visitaré por primera vez?

Sé que irán surgiendo nuevos deportes, que se añadirán a los que ya existen en los Juegos: la escalada deportiva, el surf o el monopatín.

En cuanto a mí, la llama olímpica, espero con impaciencia el momento en que vuelvan a encenderme y a pasearme por el mundo, de relevo en relevo.

Sé que en esto no estoy sola.

Cada cuatro años, millones de personas de más de doscientos países aguardan conmigo el principio de los Juegos y el encendido del pebetero en el estadio.

A veces me parece oír una voz femenina muy próxima, que repite el lema olímpico: «Más veloz, más alto, más fuerte».

Creo que es la diosa Hera, que por fin me habla.